# MAISON
# DE LIGNIÈRES

COMTES DE LIGNIÈRES ET DE SAINT-LO, VICOMTES DE GERGNY,
SEIGNEURS DE CHAMPS, FLAVY-LE-MARTEL, OSLY, MARTEVILLE, SANCOURT,
VIEFVILLE ET AUTRES LIEUX.

Optimum est habere monumenta majorum
(Cicéron *De officiis.*)

NANCY
CAYON-LIÉBAULT, LIBRAIRE-ÉDITEUR, RUE STANISLAS, 10
1862.

# MAISON

# DE LIGNIÈRES

NANCY,

IMPRIMERIE DE VEUVE A. DARD.

Rue des Ponts, 4 *bis*.

# MAISON
# DE LIGNIÈRES

COMTES DE LIGNIÈRES ET DE SAINT-LÔ, VICOMTES DE GERGNY,
SEIGNEURS DE CHAMPS, FLAVY-LE-MARTEL, OSLY, MARTEVILLE, SANCOURT,
VIEFVILLE ET AUTRES LIEUX.

Optimum est habere monumenta majorum.
(Cicéron *De officiis.*)

NANCY
CAYON-LIÉBAULT, LIBRAIRE-ÉDITEUR, RUE STANISLAS, 10.
1862.

La connaissance des générations qui, de loin ou de près, nous ont précédé, intéresse non-seulement ceux qui en sont descendus, mais encore tout curieux qui veut s'enquérir des sociétés anciennes, dont la noblesse, celle d'origine chevaleresque surtout, étaient des bases principales, à ne considérer que la France avant 1789.

On sait que ce ne fut qu'assez tard, en plein moyen-âge, qu'on obligea, dans notre pays, les personnes de prendre désormais les noms de leurs pères, au lieu de les tirer de leur conformation physique ou de leurs perfections ou imperfections morales : l'heureux, bienfait, travers, le fort, etc. ; d'un autre côté, les actes civils constatant les naissances, les mariages et les décès, ne s'établirent officiellement qu'au commencement du 18e siècle, et leur rédaction exclusivement confiée à des mains cléricales, malheureusement point soigneuses. Dès les temps les plus éloignés, les actes passés au nom des classes nobles, et en vertu du droit public, sont les seuls chaînons qui rattachent les époques. A ce point de vue, bien compris aujourd'hui, et qui semble avoir présidé aux mesures législatives nouvelles, touchant le fait de noblesse, tout diplôme vermoulu, tout parchemin poudreux mérite examen, tout nobiliaire particulier a droit à l'attention.

S'il est par excellence un devoir pieux, c'est bien, sans conteste assurément, celui qui porte les maisons et familles titrées à recueillir tous les souvenirs qui consacrent le mérite et les vertus de leurs ancêtres, rappellent leurs dignités, relatent leurs alliances, honorent leur mémoire, et tout cet ensemble constitue encore, de nos jours, une illustration morale qui n'est pas sans poids considérable ni influence grande vis-à-vis la société, et ne contribue pas moins à sa sécurité qu'à sa glorification.

En effet, si d'éminentes qualités, des prérogatives exclusives en faveur des classes nobles, en formaient jadis un corps national, une institution politique, il n'en est pas moins digne de remarque que le dicton : *Noblesse oblige*, c'est-à-dire dévouée d'avance à tous les devoirs les plus relevés, n'a jamais cessé d'être en honneur et renom, malgré les proscriptions ou la mauvaise fortune. Un travail généalogique, preuves à la main, n'est point une page frivole, ne saurait l'être, car il n'appartient pas, à quiconque, de puiser dans l'antique chartrier du manoir, de produire la suite de ses ayeux, et de montrer en eux un esprit de suite, de régularité, d'honnêteté, de supériorité intellectuelle ou de position. C'est bien là ce qui, aujourd'hui, est le caractère propre et distinct de la noblesse, de même qu'aux temps historiques et légendaires.

Nobles et plébéïens, les annales sont là, elles attestent également que l'honneur est le principal mobile de la généreuse nation française ; c'est son génie qui révèle les voies mystérieuses dans lesquelles, sans cesse engagée, elle faisait dire à son premier chroniqueur, le saint évêque Grégoire de Tours : *Gesta Dei per Francos ;* titre que les événements ont toujours traduits par : La main de Dieu sur la France, ou Dieu protège la France, mots adoptés encore pour devise par Napoléon Ier.

C'est ainsi que, dans les temps féodaux, époques de transition qu'il est mal séant et inexact de juger *ex abrupto* d'après les transformations opérées depuis, on doit reconnaître que les distinctions qu'on s'attachait alors à mettre en relief n'étaient autres au fond, et même par la forme, quant aux récompenses princières et nationales, que celles sanctionnées à l'heure qu'il est pour illustrer davantage nos célébrités guerrières et autres les plus populaires. Les titres anciens et nouveaux se confondent dans le même principe, c'est la croix de la Légion-d'Honneur des siècles.

La *maison de Lignières,* on s'en convaincra en parcourant ce précis, sur ses origines et son existence actuelle, est aussi du nombre de celles qui sont restées fidèles à ces traditions d'exploits glorieux, à ces exemples de vertus publiques et privées, que nul de ses membres ne s'est cru devoir jamais abandonner, et, soucieux de justifier sans cesse de leur extraction, ceux du nom de Lignières ont noblement versé leur sang au service de la patrie, depuis les croisades (1) jusqu'au canon de la Moskowa, dans les contrées de l'Afrique, sur le champ de bataille de Solferino.

Nancy. Mai 1862.

JEAN CAYON,

Auteur de l'Armorial historique et généalogique de l'ancienne chevalerie de Lorraine.

(1) La philosophie outrée du 18e siècle a taxé de folie le génie de nos pères qui, au cri de la délivrance du tombeau du Christ, les précipitait sur l'Asie. Mais, ce qu'on ne saurait méconnaître, c'est que ces prodigieux mouvements, providentiels sans doute, brisèrent le servage en rapprochant les masses entre elles; de là les communes, les bourgeoisies armées du moyen-âge, la monarchie française enfin, aspirant au pouvoir unique, au profit de tous. Les chevaliers croisés doivent être, à juste titre, considérés comme les instruments fondateurs, bien éloignés il est vrai, de la civilisation présente. La vapeur achèvera ce qu'ont commencé les bandes tumultueuses marchant sous leurs bannières, la communication universelle des hommes et des idées.

# ALLIANCES

DE LA MAISON

# DE LIGNIÈRES,

Mentionnées dans cette Généalogie.

---

Allart.
Allègre (d').
Aubelin.
Auguer de Canone.
Amerval (d')

Bachelier d'Yenville.
Baugier.
Bechameil.
Béchon (de).
Boileau de Maulaville.

Carpentier (de).
Chaleron (de).
Chatelet (Robert du).
Cheret (de).
Colbert (de).
Colnet (de).

DESMARETS.
DORIGNY.
DOULCET.
DU BOIS.
DU BRUN.
DUGLAS.
DUMOULIN.
DUPAQUET DU CASTEL.
DUPONCEL.

ESTRÉES (D').

FAY D'ATHIERS. (DE).
FOUCAUT (DE).
FOURCROY (DE).
FURT (DE).

GAULTHIER.
GUIEREST (DE).

HAMEL (DU).
HENNECART.
HÉRICOURT (DE).

LA BORE (DE).
LA FONTAINE (DE).
LA FORGE (DE).
LA GASTINE (DE).
LALLIER (DE).
LAMETH (DE).
LANGLOIS DE BROUCHY.
LA VACQUERIE (DE).
LE COMTE.
LESPINAY (DE).
LE TELLIER.

MACQUEREL DE QUESMY.
MAIGRET (DE).
MAILLEBOIS (DE).
MAILLY (DE).

MANOURY (DE).
MARTIGNY (DE).
MASSARY (DE).
MAUSSION (DE).
MONCEAU (DE).
MONSURS (DE).
MOUCHY (DE).

OSBACH (D').

PIQUET.
POIX (DE).
PONCEL (DU).

REGNAULT.
RENTY (DE).

SOMBREUIL (DE).

TAVERNIER.
TOCQUAIRE.

VARSOLIN (DE).
VARVAL (DE).
VIREAU.

WATEL.
WITASSE DE BUSSU.
WITASSE DE FONTAINE.
WITASSE DE GAUCOURT

Y (D').

# GÉNÉALOGIE

DE LA MAISON

# DE LIGNIÈRES.

---

Porte : *D'argent à la croix ancrée de gueules;* Heaume *d'or,* timbré *d'une couronne de comte de même; les lambrequins aux émaux et couleurs de l'écu;* Supports : *deux lions contournés au naturel, armés et lampassés de gueules.*

Les comtes De Lignières écartèlent ainsi :

Au 1er, *De gueules à la bande d'argent, accostée de six croix recroisettées, au pied fiché de même, mises en orle,* qui est De Lameth.

Au 2e, *De gueules, chargé de trois maillets d'or,* 2-1, qui est De Mouchy.

Au 3e, *D'or, à trois doloires de gueules mises en gironnant*, qui est De Renty.

Au 4e, *D'azur chargé d'un chevron d'or écimé, et partagé de même en chef et en pointe, surmonté d'une croix à deux croisillons, et accostée de 3 étoiles de même, 2 en chef, 1 en pointe,* sur le tout : un écu *d'argent à la croix ancrée de gueules,* qui est De Lignières.

Lameth, par alliance en 1440 ; Mouchy, *idem* en 1580 ; Renty, *idem* en 1654 ; Baugier, en 1817.

La maison De Lignières paraît être originaire de l'ancienne province de Picardie, d'où elle se répandit ensuite dans le Vermandois et le Soissonnois. Ses membres affectionnèrent de préférence la carrière des armes et la parcoururent avec distinction. Les traditions, d'accord avec les armoiries, indiquent qu'un de ce nom passa les mers à l'époque des croisades. En effet on remarque sur leur écu, la croix ancrée de gueules, double symbole du but de la guerre et d'une expédition outre mer, comme le confirment les règles héraldiques, et le témoignage des blasons des plus anciennes et des plus vaillantes maisons (1).

Par suite des événements, les documents (échappés encore au brûlement officiel de ses titres à l'époque de la Révolution) ne remontent plus qu'à *Jean* De Lignières, père de Guillaume, lequel *Jean* vivait seigneur de Domfront, en Picardie, l'an 1380.

On voit que Jean de Lignières figurait avec honneur dans les rangs de l'ancienne chevalerie française. Marc Wulson de La Colombière, l'auteur si recherché de la *Science héroïque*, in-folio, 1644, rapporte l'emprinse

(1) La maison de Damas, ancienne chevalerie de Lorraine, porte, *D'or à la croix ancrée de gueules ;* Chables, *D'argent à la croix ancrée de sable ;* Sirey, *De gueules à la croix ancrée d'or ;* Sept-Fontaines, *De gueules à la croix ancrée d'argent, chargée en cœur d'une tour crénelée de sable.*

ou association (1) de treize chevaliers portant en leur devise l'écu vert à la Dame blanche. Ces paladins, suivant les lettres à ce octroyées par Charles VI, le sixième jour du mois de mars de l'an 1400, étaient : Charles d'Albret, cousin du roi ; Jean Le Maingre, dit Boucicaut, maréchal de France ; Gieffroy Le Maingre, dit Boucicaut ; JEAN DE LIGNIÈRES, Jean de Chambrillac, Jean de Bonnebaut, Bernart de Chastelbaiart, François d'Aubriscourt, Jean de Torsy, Jean de Chasteau-Morant, Raoul, seigneur de Gaucourt ; Guillaume de Colleville et Jean Bectoz, tous qualifiés chevaliers de naissance.

Quoiqu'il en soit de la perte irréparable de tant de pièces authentiques, désastre commun au surplus, à la plupart des plus grandes et des meilleures maisons, qui ont traversé des temps aussi périlleux pour les personnes que pour les biens, des fragments précieux ont été encore recueillis et conservés dans la maison DE LIGNIÈRES, et qui établissent de nouveau et incontestablement sa haute position nobiliaire.

On trouvera la plupart de ces pièces aux preuves justificatives rangées par ordre chronologique ; nous nous contenterons ici de citer, à l'égard du titre de comte, héréditairement porté, le *Nobiliaire de Picardie*, l'*État militaire de la France*, année 1784, etc. ; d'autres explications, des actes publics de notoriété, sont produites à la suite du précis généalogique, afin de n'apporter aucune confusion dans le déroulement exact des filiations.

Il est regrettable, soit au nom de l'histoire, de l'archéologie, soit vis-à-vis de la maison DE LIGNIÈRES, que son berceau, le vieux manoir ait été rasé avec ses dépendances, et les terres qui formaient le domaine aliénées on ne sait par quelle circonstance. Tout cet ensemble existait sans doute encore en 1736, car dans le partage de la succession de Louis de Lignières, le 7 juillet de cette même année, le château de

(1) L'article 1er de leur règlement porte que tout chevalier ci-dessus dénommé est tenu « de droit de vouloir garder et deffendre l'honneur, l'estat, les biens, la renommée et l'héritage de toutes Dames et Damoiselles de noble lignée. »

Lignières et ses dépendances, d'une contenance de cinq setiers, mesure du pays, et situés sur le territoire de Flavy-le-Martel, ainsi que d'autres fiefs, sont réservés par préciput à son fils aîné.

Ce château dont on a peine à reconnaître l'emplacement sur le terrain boisé qui recouvre ses ruines, s'élevait avec ses tourelles, son pont-levis et ses fossés, au milieu du hameau de *Marteville-Lignières*, fief noble de cette maison, et dont les habitations ont disparu du sol morcelé en quantité de parcelles rendues à la culture. Ce hameau était situé aux confins du territoire de Frières-Faillouël, au sud de la partie forestière du village de Flavy-le-Martel, canton de Saint-Simon, département de l'Aisne.

Dans cette commune de Flavy-le-Martel, il existe deux voies de communication, l'une appelée rue de Marteville, l'autre qui conduit à Faillouël, est dite chemin de Lignières.

Le plan cadastral ci-joint donne la configuration des lieux en 1862, et la restitution du château de Lignières, tel qu'on peut en juger à l'œil, sur le lieu même où il fut construit jadis.

---

# LIGNE DIRECTE.

---

Ier Degré. JEAN DE LIGNIÈRES, chevalier, premier auteur connu, seigneur de Domfront, en Picardie, vivait en 1380. Il eut deux enfants : *Guillaume* et *Philippote de Lignières.*

IIe Degré. GUILLAUME DE LIGNIÈRES, chevalier, commandant 1200 hommes d'armes, seigneur de Domfront, Neuville, Witasse, Melcastel et autres lieux, épousa, le 5 juin 1440, damoiselle Jeanne de Lameth. De ce mariage naquirent *Antoine* et *Gérard de Lignières.*

Philippote de Lignières, sœur de Guillaume, donna sa main, en 1478, à messire Pierre Gaultier, écuyer, seigneur de Griselles et autres lieux.

IIIe Degré. ANTOINE DE LIGNIÈRES, fils aîné de Guillaume et de Jeanne de Lameth, entra dans les ordres et mourut chanoine des églises cathédrales de Bourges, Noyon et Laon, Il céda, par donation du 30 juin 1483, par-devant Me Simon Babou, notaire à Bourges, à messire Antoine de Lameth, son cousin germain, la terre, justice et seigneurie de Domfront, en Picardie.

## PREMIÈRE BRANCHE

### DES SEIGNEURS DE LIGNIÈRES, CHAMPS, ETC.

III$^{e}$ Degré. Gérard de Lignières, fils cadet de Guillaume et de Jeanne de Lameth, chevalier, seigneur de Lignières, Champs et autres lieux, épousa, en 1486, *Jeanne Regnaut*, dont il eut deux fils, *Jacques* et *Jean de Lignières.*

IV$^{e}$ Degré. Jacques de Lignières, chevalier, seigneur de Champs et autres lieux, fut chargé, au siége de la ville de Saint-Quentin, par les Espagnols, en 1557, de la défense de la dixième brèche, où il périt glorieusement (1). Il laissa deux enfants : *René* et *Nicolas.*

Jean II de Lignières, écuyer, frère du précédent, épousa, le 13 août 1520, damoiselle Marion de La Forge, et mourut sans hoirs.

V$^{e}$ Degré. René de Lignières, écuyer, seigneur de Champs et autres lieux, fils aîné de Jacques de Lignières, eut un fils, *Louis*, qui suivra. Il rendit foi et hommage pour le fief et la seigneurie de Champs, le 14 février 1537. Il est inhumé dans l'église de Champs.

VI$^{e}$ Degré. Louis I$^{er}$ de Lignières, écuyer, seigneur de Champs, capitaine au régiment de Grique-Allemand, cavalerie, épousa, le 13 mars 1577, dame Charlotte Auguer de Canone, veuve de messire Charles de Vallon, dont il n'eut pas de postérité. Son acte de foi et d'hommage, pour son fief de Champs, est du 23 juin 1567.

(1) Voir l'*Histoire du Vermandois,* par Colliette, tome III, page 231.

## DEUXIÈME BRANCHE

### DES SEIGNEURS DE BITRY, OSLY, FALLOISE, LIGNIÈRES, MARTEVILLE ET AUTRES LIEUX.

Ve Degré. NICOLAS DE LIGNIÈRES, frère de René et fils cadet de Jacques, écuyer, seigneur de Bitry et autres lieux, épousa, le 2 mai 1580, damoiselle Catherine de Guierest (1), dont deux fils et une fille : Charles, François, et Michelle-Marie de Lignières.

VIe Degré. CHARLES Ier DE LIGNIÈRES, fils aîné de Nicolas, né en 1560, écuyer, seigneur de Marteville, Lignières, Bitry et autres lieux, capitaine de cavalerie, le 2 avril 1595, puis gouverneur de Montdidier, épousa en premières noces, le 20 décembre 1590, damoiselle Marie de Mouchy, dont Isaac, François et Anne de Lignières; en deuxièmes noces, damoiselle de Varsolin, le 11 mai 1596, dont point de postérité; en troisièmes, le 7 mai 1598, Jeanne de Manory, dont un fils, Antoine; enfin, en quatrièmes, Marguerite Dumoulin, dont une fille, Françoise.

*François Ier de Lignières,* second fils de Nicolas et de Catherine de Guierest, écuyer, seigneur de Bitry, Puisieux, etc., mourut sans hoirs,

*Michelle-Marie de Lignières,* sa sœur, resta célibataire.

(1) Nicolas de Lignières, et sa femme, sont inhumés dans l'église de Vic-sur-Aisne, où se voit encore leur pierre tombale armoiriée de leurs écus.

VII<sup>e</sup> Degré. Isaac de Lignières, fils aîné de Charles et de Marie de Mouchy, écuyer, seigneur de Lignières, Marteville et autres lieux, capitaine, le 16 mai 1665, au régiment du maréchal d'Estrées, infanterie, se maria, le 23 juin 1626, à damoiselle Marie du Poncel. Il en naquit deux enfants : Antoine et François de Lignières.

*François II de Lignières,* frère cadet d'Isaac, écuyer, mourut sans postérité, et fut inhumé dans l'église de Flavy-le-Martel.

*Antoine II de Lignières,* écuyer, fils de Charles et de Jeanne de Manory décéda sans hoirs également.

*Françoise de Lignières,* fille de Charles et de Marguerite Dumoulin, donna sa main, le 14 mai 1629, à messire Philippe de Fourcroy, chevalier, gentilhomme de la maison du roi.

VIII<sup>e</sup> Degré. Antoine III de Lignières, fils aîné d'Isaac et de Marie du Poncel, écuyer, seigneur d'Osly, Falloise, Marteville, Lignières et autres lieux, épousa, le 24 janvier 1654, damoiselle Charlotte de Renty, dont : 1° Elisabeth, née en 1666 ; 2° Charles, né en 1667 ; 3° Claude, né en 1668 ; Louis, né en 1674.

Elisabeth ne laissa point de postérité, ni Claude, ni Charles (II), qui avait épousé, le 20 décembre 1680, Isabelle de Furt.

Louis II, leur frère, se maria, le 23 octobre 1723, à damoiselle Marie de La Vacquerie, dont Louis III et Antoine, morts sans hoirs.

# TROISIÈME BRANCHE

DES COMTES DE LIGNIÈRES, SAINT-LÔ, VICOMTES DE GERGNY, SEIGNEURS DE BEAUREPOS, CAVILLY, VIEFVILLE, SANCOURT ET AUTRES LIEUX.

VIIIe Degré. FRANÇOIS III DE LIGNIÈRES, fils cadet d'Isaac et de Marie du Poncel, écuyer, seigneur de Marteville, Lignières et autres lieux, enseigne au régiment de M. le maréchal du Plessis-Praslin, épousa, le 26 janvier 1665, damoiselle Louise Du Bois, fille de messire Antoine Du Bois, écuyer, procureur du roi au bailliage de Chauny, et de dame Madeline de Martigny (1), dont Louis, qui suivra, et François de Lignières.

IXe Degré. LOUIS IV DE LIGNIÈRES, fils du précédent et de Louise Du Bois, chevalier, seigneur de Marteville, Lignières et autres lieux, s'allia, le 27 février 1702, avec damoiselle Anne-Elisabeth de Béchon de Bussu ; de leurs nombreux enfants, trois survécurent : 1° Anne-Modeste, comte de Lignières ; 2° Anne-Elisabeth-Renée ; 3° Anne-Charlotte-Félicité. Lors de la convocation de la noblesse par le roi, le 16 octobre 1692, Louis de Lignières servit à l'arrière-ban. Il mourut le 16 mars 1730, âgé de 64 ans, dans son château de Lignières ; il fut inhumé, ainsi que sa femme, dans le chœur de l'église de Flavy-le-Martel, du côté de l'Épître.

(1) Martigny porte : aux 1er et 4e, *D'argent à trois fasces d'azur, à la croix ancrée de gueules brochant sur le tout ;* aux 2e et 3e *de gueules à trois quintefeuilles d'argent.*

JEAN-FRANÇOIS DE LIGNIÈRES, frère de Louis, ci-dessus nommé, écuyer, seigneur de Marteville, etc., servit, en 1697, dans l'arrière-ban de la noblesse. Il se maria : 1° le 24 août 1719, à Marie-Anne de Massary, fille de messire Pierre de Massary, chevalier, seigneur de l'Isle, et de dame Françoise de Greno, son épouse, dont un fils, nommé aussi Jean-François, officier au régiment de Poitou, mort sans hoirs ; 2° le 14 juillet 1750, à damoiselle Marie-Renée Tocquaine, dont : 1° Jean-François-Auguste, né le 31 octobre 1755 ; 2° Renée-Victoire, née le 25 mars 1752, religieuse à l'abbaye du Sauvoir, près Laon ; 3° Marie-Marguerite-Françoise-Louise, née le 16 février 1754, également religieuse au Sauvoir. Il mourut le 27 décembre 1761, âgé de 86 ans, à Rouy, et on l'ensevelit dans la chapelle de la Vierge, à Amigny-Rouy. Jean-François-Auguste, son fils, s'engagea d'abord dans les ordres religieux, puis prit parti dans le corps de l'artillerie, sans que, depuis, on ait su sa destinée ultérieure.

X^e Degré. ANNE-MODESTE, COMTE DE LIGNIÈRES, chevalier, seigneur de Maurepas, des comtés de Saint-Lô, vicomté de Gergny, Viefville, Sancourt, Cuvilly, etc., né le 4 décembre 1720, à Lignières, paroisse de Flavy-le-Martel, capitaine au régiment de Poitou, infanterie, chevalier de l'ordre royal et militaire de Saint-Louis, épousa, le 3 octobre 1750, damoiselle Marie-Elisabeth de Foucaut (1), fille de messire François-Louis de Foucaut, seigneur de Touly, et de dame Charlotte-Elisabeth de Monceau (2), Il en naquit : 1° Marie-Charles-Nicolas-Modeste, comte de Lignières, qui fut fait chevalier de Saint-Louis à 22 ans, à l'occasion de la bataille de Lansfeld, où il fut grièvement blessé ; 2° Marie-Elisabeth de Lignières. Anne-Modeste décéda le 5 mai 1768, âgé de 47 ans, et on l'inhuma dans l'église de Saint-Martin, à Ham, dans la chapelle des cloches.

(1) Foucaut porte : *D'or, à la croix ancrée de sable, soutenue de deux lions de même, armés et lampassés de gueules.*

(2) De Monceau : *D'azur à l'écusson d'argent mis en abîme.*

*Anne-Elisabeth-Renée de Lignières,* sœur d'Anne-Modeste, qui précède, épousa, en 1732, messire Nicolas Witasse de Bussu, écuyer, dont trois fils et deux filles. L'aîné, dont on ignore la destinée ultérieure, était chevau-léger du roi ; la première des filles, élevée à Saint-Cyr, se mésallia sans laisser d'autres traces ; l'autre prit le voile dans le couvent des Annonciades de Roye.

*Anne-Charlotte-Félicité de Lignières,* sœur de François III, qui précède, se rendit également religieuse, en 1736, dans l'abbaye d'Origny-Sainte-Benoîte.

XI^e^-Degré. Marie-Charles-Nicolas-Modeste, comte de Lignières et de Saint-Lô, vicomte de Gergny, seigneur de Maurepas, Viefville, Sancourt, Cuvilliers et autres lieux, né le 4 juin 1752, chevau-léger de la garde du roi, puis lieutenant en premier au régiment du roi, infanterie, chevalier de Saint-Louis, épousa, le 11 avril 1785, Henriette-Marguerite Le Comte de La Ville-aux-Bois, dont : 1° Marie-Henri, qui suivra ; 2° Charles-Henri-Marie ; 3° Marie-Louise ; 4° Marie-Louise aussi, toutes deux mortes fort jeunes,

*Marie-Elisabeth de Lignières,* fille d'Anne-Modeste, comte de Lignières, épousa, le 24 mai 1785, messire Jean-Joseph de Y (1), écuyer, seigneur d'Omissy, dont : 1° Jean-Marie de Y, capitaine d'infanterie, mort de ses blessures à Waterloo, en 1815, sans postérité ; 2° Joséphine de Y, mariée en 1817, à M. Auguste Robert, baron Du Châtelet, capitaine dans la garde royale, dont deux fils : Auguste, qui épousa Mademoiselle Viéville Des Essarts, dont postérité : Ernest, mort sans hoirs.

XII^e^ Degré. Marie-Henri, comte de Lignières, né le 31 décembre 1785, officier au 59^e^ régiment de ligne, lieutenant en premier dans le 1^er^ régiment des Chasseurs à pied de la vieille garde impériale, chevalier de

(1) De Y porte : *D'azur à trois chevrons d'or.*

la Légion-d'Honneur en 1813, capitaine au 15e de ligne en 1830, fit sans interruption les campagnes de l'Empire, de 1807 à 1815, et prit part à la conquête de l'Algérie en 1830. Il épousa, le 21 mars 1807, Aline-Louise-Jacquette Beaugier de Bignipont (1), fille de messire Charles-Louis Baugier de Bignipont. seigneur de Ripont, Fontaine-en-Dormois et autres lieux, et de dame Marie-Louise-Pierre de Lespinay, sa femme (2), d'où vinrent : 1° Henri-Gustave-Marie, qui suivra ; 2° Henri-Anne-Gabriel ; 3° Henriette-Louise-Aline-Marie ; 4° Emma-Denise-Charlotte.

*Charles-Henri-Marie*, vicomte de Lignières, frère de Marie-Charles-Nicolas-Modeste, né le 22 avril 1797, eut pour femme, le 21 décembre 1829, Delphine Hennecart, fille de M. Hennecart, avocat, juge suppléant au tribunal de Laon, et de dame Jeanne-Catherine Solange de la Marlière ; sans postérité.

XIIIe Degré. Henri-Gustave-Marie, comte de Lignières, fils aîné de Marie-Henri de Lignières et de dame Aline Baugier de Bignipont, capitaine-commandant au 2e de Hussards, épousa, le 22 février 1854, Louise de Maussion, fille de Jean-Thomas-Emilien de Maussion (3), chevalier de l'ordre royal de Charles III, d'Espagne, et de dame Joséphine-Laure de Gerbrois, sa femme. De ce mariage sont issus : 1° Henri, mort en bas-âge ; 2° Emilien ; 3° Henri ; 4° Jean ; et 5° une fille, Marie.

Henri-Gustave-Marie, comte de Lignières, entra comme officier au 2e de Hussards, pénétra dans le grand désert à la poursuite de l'émir Abd-el-Kader, fit la campagne d'Italie, en 1859, et se trouva, avec son régiment, à la bataille de Solferino, où ce corps se distingua signament.

(1) Baugier porte : *D'azur, chargé d'un chevron d'or écimé et partagé de même en chef et en pointe, surmonté d'une croix à deux croisillons et accosté de trois étoiles de même, deux en chef, une en pointe.*

(2) Lespinay : *D'argent à trois losanges de gueules.*

(3) Maussion porte : *D'azur au chevron d'or accompagné en chef de deux étoiles de même, et, en pointe, d'un pin enraciné de sinople.*

*Henriette-Louise-Marie-Aline de Lignières*, susnommée, donna sa main, le 27 novembre 1837, à M. Pierre-François-Hyppolite de Carpentier de Juvigny (1), Inspecteur des Contributions directes, dont une fille unique, mariée, le 15 novembre 1859, à M. Paul-Michel-Ange de Maussion, garde général des eaux et forêts.

*Emma-Denise-Charlotte de Lignières* (*idem*), épousa : 1° M. Gustave Philippy, baron d'Estrées; 2° Amédée Philippy d'Estrées, son beau-frère. Elle mourut au château du Tronquoy, sans hoirs, et repose dans le caveau de la maison des barons d'Estrées (2).

*Henri-Anne-Gabriel, vicomte de Lignières*, capitaine au 2e régiment des Tirailleurs algériens, épousa Mademoiselle Marie de La Gâtine, fille de M. de La Gâtine et de dame de Monsurs, dont deux filles.

Il servit longtemps en Afrique, dirigea avec distinction une expédition contre le Maroc, et fut ensuite nommé commissaire impérial près les conseils de guerre de la province d'Oran.

---

En terminant ce précis généalogique des degrés de la maison DE LIGNIÈRES, avant de passer aux pièces justificatives, nous aimons encore à rappeler les paroles suivantes d'un ancien auteur héraldique, elles s'identifient trop bien au sujet qui nous occupe. Il est doux de penser, dit-il, que la mémoire des aïeux plane sur leurs descendants, et que ce n'est point en vain que les mots : *Religion*, *Honneur*, *Vaillance et*

(1) De Carpentier porte : *D'azur au chevron d'or, accompagné de deux étoiles de même en chef, et d'un croissant d'argent en pointe.*

(2) D'Estrées : *D'azur à la bande d'or chevronnée de gueules et de sinople de sept pièces, accompagnée en chef d'une demi-fleur de lys d'or, et accostée d'une roue de sainte Catherine, perlée de même, et, en pointe, de trois roses d'argent mises en orle.*

*Loyauté*, ont été invoqués par eux, pour leur tracer sans cesse la meilleure voie à suivre. Ils avaient l'honneur pour but, la vertu pour guide, la bienfaisance était chez eux une inclination naturelle qui devenait une jouissance délicate et un délassement pur. La fierté d'avoir accompli son devoir est peut-être la plus haute récompense pour une âme élevée, pénétrée de cet antique adage : *Fais ce que dois....* C'était en vue de ces pieux souvenirs de famille qu'il était aussi passé en axiôme dans la noblesse française : *qui tient à ses aïeux est loin d'en déroger*, à quoi on ajoutait, et en forme de commentaire obligé, cette conséquence : *qui ne tient compte de ses ancêtres, n'en tient nul de ses descendants.*

FIN

DE LA GÉNÉALOGIE

DE LA MAISON

DE LIGNIÈRES.

# RENSEIGNEMENTS GÉNÉALOGIQUES

SUR LES FAMILLES ALLIÉES

A LA MAISON

# DE LIGNIÈRES.

---

### I. Lameth. — De Béchon. — Du Hamel. — Witasse. — D'Amerval. De Foucaut.

Guillaume de Lignières épousa en 1440, Jeanne de Lameth.

Charles de Lameth.... Adrienne de L'Aunois.

Adrienne de Lameth.... Simon d'Amerval d'Osvillé.

Charles d'Amerval.... Barbe Du Hamel de Bellenglise.

Philippe d'Amerval.... Marie d'Auxy de Monceau, 13 août 1628.

Henri d'Amerval.... Henriette Du Cheret, 10 novembre 1658.

Elisabeth d'Amerval.... Henri de Béchon, seigneur de Bussu.

Eléonore d'Amerval.... Nicolas Joachim Witasse de Fontainc, 9 août 1695.

Marie-Jeanne de Fontaine.... Jacques Witasse de Saucourt, son cousin, le 29 mai 1723.

Elisabeth-Renée de Béchon de Bussu.... Messire Louis de Lignières, 27 février 1702.

Anne Modeste, comte de Lignières.... Marie Elisabeth de Foucaut, seule héritière de la branche aînée de la maison de Monceau.

Anne-Elisabeth-Françoise-Renée de Lignières, sœur du précédent, épousa Nicolas Witasse, seigneur de Bussu, Dompierre et autres lieux.

## II. De Héricourt. — De Béchon. — De Lafontaine.

Jacques de Héricourt épousa Anne Piquet, et c'est de lui qu'Anne Modeste, sus-nommé hérita du fief de Meaurepas.

Charlotte de Héricourt épousa Charles de Béchon, seigneur de Bussu, commandant le régiment de Berry ; 6 avril 1680.

Anne-Elisabeth de Béchon.... Messire Louis de Lignières, 27 février 1702.

Charlotte de Béchon.... Louis-François de Héricourt, 27 avril 1707.

N.... de Héricourt, fille de Louis de Héricourt, épousa Henri de La Fontaine, seigneur d'Ollegy, capitaine d'artillerie.

## III. De Monceau. — De Fay d'Athies. — De Foucaut. Macquerel de Quesmy.

Arnould de Monceau, seigneur des deux Monceau, Maralessart, Plaine Selve et autres lieux, comte de Saint-Lô, vicomte de Gergny, épousa Catherine de Fay d'Athies.

Jean de Monceau.... Jeanne de Poix.

Pierre de Monceau.... Marie de La Bove, 9 janvier 1546.

Antoine de Monceau, capitaine de chevau-légers.... 1° Marie Lallier de Fayet ; 2° Françoise de Colnet.

Gabriel-Antoine de Monceau... Timoléone-Isabelle Duglas d'Arrancy, en 1680 ; 2° Barbe de Reignier de Vigneaux, 1696.

Gabrielle de Monceau.... Louis Bachelier d'Yenville, chevalier, seigneur de Hennecourt, dont Anne, mariée à Messire Louis de Macquerel, seigneur de Quesmy ; 2° Marguerite, mariée à César d'Amerval, seigneur de Richemont.

Charles-François de Monceau, seigneur des deux Monceau, Chevresis, Pleine Selve, comte de Saint-Lô, vicomte de Gergny, épousa en 1713, Damoiselle de Chaleron Alabourt.

Elisabeth-Charlotte de Monceau, sa fille.... Louis de Foucaut (1), seigneur de Touly (16 décembre 1718), dont Marie Elisabeth de Foucaut, fille unique, laquelle donna sa main en 1750, à Messire Anne Modeste, comte de Lignières, capitaine au régiment de Poitou, chevalier de Saint-Louis.

François de Monceau épousa le 4 février 1721, Marie-Madelaine de Mailly, et mourut sans laisser de postérité.

Par cette mort, Marie-Elisabeth de Foucaut, qui épousa Anne Modeste, comte de Lignières, se trouve le seul rejeton de la branche aînée de Foucaut, et par cette famille et celle Du Monceau, la maison de Lignières est alliée à celles de Macquerel de Quesmy, de Fay d'Athies, Langlois de Brouchy et d'Amerval.

## IV. Desmarets. — Aubelin. — Du Bois. Tavernier. Boileau de Maulaville.

1° Descendance de la famille Aubelin par Claudine Aubelin.

Pierre Aubelin épousa Marguerite de Varval, dont Claudine Aubelin, mariée à Jean Desmarets, lequel épousa Jeanne Visinier, dont Jean Desmarets, conseiller d'état, marié à Damoiselle Marie Colbert.

Nicolas Desmarets, contrôleur général des finances, ministre d'État, baron de Couvron, fils du précédent, épousa Madeleine Béchameil, fille de Messire de Béchameil, marquis de Nointel, maître des requêtes, dont il eut Jean-Baptiste-François Desmarets, marié à Marie-Emmanuel

(1) La maison de Foucaut est d'une antique noblesse titrée et qui a fait ses preuves pour les honneurs de la cour, notamment en la personne de M. le vicomte de Foucaut en 17[illegible]. A cette occasion, Elisabeth de Fouçaut, comtesse de Lignières, dernière héritière de la ligne directe, lui remit sous récépissé, les titres dont elle était restée dépositaire.

d'Allègre, d'où sortit Marie-Yves Desmarets, marquis de Maillebois, maréchal de France, chevalier des ordres du roi et Grand d'Espagne.

2° Descendance par Elisabeth Aubelin.

Pierre Aubelin épousa Marguerite de Varval, dont Elisabeth Aubelin qui épousa Messire Antoine de Martigny, dont Pierre, marié à Jeanne Doulcet, dont Madelaine de Martigny, femme d'Antoine Du Bois ; de cette union naquit Louise Du Bois, laquelle donna sa main à Messire *François de Lignières,* seigneur de Marteville-Lignières, dont Louis et Jean-François de Lignières.

Marie-Françoise Du Bois, sœur de Louise, épousa Antoine Tavernier, officier chez le roi.

Il ressort de cet exposé généalogique, que la maison de Lignières est alliée à celles de Desmarets par Aubelin, de Boileau-Maulaville par Tavernier de Chauny.

## V. Le Comte.

Marie Duhaut, unique rejeton de sa famille, épousa Claude Vireau, qui avait suivi en France Catherine de Médicis, et fut ensuite attaché à la maison des Guises. Il eut deux enfants : René et Nicole Vireau.

Nicole épousa Messire Nicolas Lecomte, chambellan de Monseigneur Gaston d'Orléans, et huissier de sa chambre, dont Nicolas et Michel Lecomte.

Zenobi Vireau de Sombreuil, fils de René de Vireau, secrétaire des commandements de la reine Marie de Médicis, s'établit à Nancy, obtint des lettres de reconnaissance de noblesse, des Vireau (1), et en reprit les armes en vertu des priviléges de l'édit de Charles-le-Chauve, après la bataille de Fontenay, en 841, où périt la noblesse de Champagne. Ce

(1) Zenobi Sombreuil, Fermier général des domaines de S. A. R. le duc de Lorraine, portait : *De gueules au bras d'or, tenant un coutelas d'argent, mis en pal, sortant d'une nuée de même.* Déclaré gentilhomme par Léopold, le 1er mars 1707.

monarque déclara que dorénavant, pour perpétuer des noms généreux, les filles nobles issues de ces preux, se mariant, anobliraient par suite les enfants à naître. Nicole Vireau, femme de Nicolas Lecomte, transmit ainsi sa noblesse à sa postérité. On voit un Joseph Lecomte, capitaine au régiment de Condé. Aujourd'hui cette maison Lecomte est éteinte dans celle de Lignières.

Les descendants de Vireau de Sombreuil, dont est issu le gouverneur des Invalides, nom immortel dans les annales de l'histoire par le dévouement héroïque et filial de Mademoiselle de Sombreuil, lors des horribles journées de septembre 1792, sont alliés de frère et de sœur avec Lecomte.

Messire Henri-Nicolas Lecomte épousa en 1731, Marie-Marguerite Le Tellier, dont six enfants : 1° Louis-Marie Lecomte, seigneur de Cournas, abbé commendataire de France, chanoine de Toul, aumônier de Son Altesse Royale la comtesse d'Artois; 2° Henri Lecomte, chanoine régulier, prieur d'Hinacourt; 3° Nicolas-Marie Lecomte, chanoine de Saint-Quentin; 4° Marie-Nicole Lecomte, femme de Raoul Adam d'Origny, dont un fils mort à Paris, et une fille, mariée à M. Ossart, de Reims; 5° Marie-Anne Lecomte, née en 1732, morte en 1819, resta célibataire; 6° Henriette-Marguerite Lecomte, donna sa main à Messire *Marie-Charles-Nicolas Modeste, comte de Lignières*, chevalier de Saint-Louis, seigneur de Viefville, Sancourt et autres lieux.

---

# PIÈCES JUSTIFICATIVES.

---

I. *Contrat de mariage entre messire* Guillaume de Lignières *et Damoiselle Jehanne de Lameth*, 1440.

Par deuant Noël Guillain et Jehan Raoul, auditeurs du Roy nostre sire et de Monseigneur le duc de Bourgongne, mis et establis par Monsieur le Bailly d'Amiens au nom desdicts seigneurs à ce ouis; comparurent en personne *Pierre de Lameth*, escuyer, demeurant à Bappalmes, tant en son nom comme luy faisant fort en ceste partie de Damoiselle *Gilles Watel,* sa femme, d'une part; et Guillaume de Lignières, escuyer, demeurant à présent à Happlaincourt d'autre part, et recongnurent et chacun d'eulx pour tant qu'il leur touche, les traictiés et convenus de mariage encommenchiés, et qui au plaisir de Dieu se parfera et solemnisera en saincte Esglise, du dict Guillaume et de damoiselle *Jehanne de Lameth*, fille du dict Pierre de Lameth et de la dicte Damoiselle Gilles, estre tels et ainssy auoir esté traictiez promis et commenchiés par eulx recoingnoissant ensemble leurs parents et amis que cy après s'ensuit, c'est à sauoir que le dict Pierre luy faisant fort comme dessus pour au dict mariage paruenir a donné et donne aulx dicts mariants ung fief et noble tenement à luy appartenant, scitué ez terroirs de Neuville-Witasse et de Mercastel, qui se comprend en justice vicomtière, censes, rentes d'argent et de grains et en plusieurs terres aharrables que à présent tient à cense Pierre Boucaut, demeurant à Boyelles, tenu des hoirs de feu Philippe de Bonnecourt à trente sols de relief, auec un aultre petit fief contenant quatre mancaudées de terre ou enuiron, tenu de la seigneurie de Barleux à sept sols, six deniers de relief, pour des dicts fiefs ainssy qu'ils seient et comprendent en tous prouffits et émoluments quelconques, jouir et posséder par les dicts mariants et par leurs hoirs issus du dict mariage, héritablement, perpétuellement et à toujours, auec leur a donné et donne la somme de *cent salus d'or* tels qu'à présent ont cours, pour une fois à icelle somme payer par iceluy Pierre aux dicts mariants ou au porteur de ces lettres toutefois qu'il leur plaira. Et sy doibt et a promis le dict Pierre, lors est traicté et conditionné entre les dictes parties que au cas qu'il aduenient, le dict mariage parfaict et consommé, que la dicte Damoiselle Jehanne yroit de uie à trespas auparauant le dict *Guillaume* son mari sans auoir et délaisser hoirs de leurs chairs, nés et procréés du dict mariage viuants ou apparents de naistre au jour d'iceluy tréspas, les dicts fiefs ainssy qu'ils seroient lors, revinront, retourneront, appartinront aulx plus prochains hoirs et héritiers du costé de la dicte Damoiselle Jehanne, franchement, sans quelque charge, et sy auront et remporteront les dicts héritiers pour toutes choses que leur sera tenu payer au cas cy dessus dict, le dict *Guillaume*, la somme de cinquante salus d'or tels que dessus. Auec prendra la dicte Damoiselle *Jehanne,* son droict naturel tel que par la coustume des lieux où les fiefs et héritaiges dont le dict *Guillaume* sera lors jouissant luy pourront et deveront competter et appartenir. Oultre est tenu et a promis le dict Pierre, de gouuerner en son hostel au dict lieu de Bappalme ou ailleurs, de tel table que le dict Pierre les dicts mariants de toutes choses à eulx necessaires l'espace d'ung an à compter du jour de leurs espousailles, et sy a promis le dict Pierre, de toute fois qu'il plaise aux dicts mariants Anthoine de Lameth son fils uenu en aige, faire venir renonchier aux fiefs et terres dont dessubs est faict mention, et accorder, permettre et rattefier les traictiez et convenus dessubs, sur et en peine de encourre enuers les dicts mariants en la somme de huit cens salus d'or, et aussy de faire venir renonchier à leur prouffit la dicte Damoiselle Gilles, sa femme, au droict de douaire quelle porroit auoir, requierre, clamer et demander sur les dicts fiefs s'elle surviuoit le dict Pierre son mari. Si comme tout ce que dict est, les dicts recoignoissants ont dict et recogneu estre vrai par deuant les dicts auditeurs et pour ce tenir, payer, fournir et accomplir par la manière ordinaire, ont obligié et obleigent les dicts recoignoissants et chacun d'eulx, lung enuers l'autre, tous leurs biens et héritaiges et ceulx de leurs hoirs presens et aduenir, accordant sur iceulx la main des dicts seigneurs estre mise et assize toutefois qu'il plaira à l'ung ou l'autre d'eulx ou au porteur de ces lettres ; pour seureté du contenu en icelles, renonchans les dicts recongnoissants par leurs foy et consentement à tout ce qui aidier et valoir leur porroit pour aller, faire ou dire contre l'effect et teneür de ces lettres, et au port d'icelles ostier et nuyre. Dont ce que dessubs est dict, nous ont les dicts auditeurs tesmoigné estre vrai par leurs sceaux et noms à leur tesmoignage, auons mis à ces lettres le dict scel royal, lesquelles sont faictes en double pareillement, dont chacune partie a, est une à la seureté et confirmation de son droict et sans pouuoir aulcun prétendre les biens aulx aultres. Ce fust faict et recongnu le cinquième jour de juing, l'an mil quatre cens et quarante. Signé, Noël Guillain. Jehan Raoul.

*Sur le repli :* signé Ramel, avec paraphe. Au bas sont deux scels de cire verte sur queues de parchemin, dont il ne reste que des fragments ; sur l'un desquels on distingue l'empreinte d'un écusson chargé de trois coquilles, un lambel à trois pendants, en chef ; sur l'autre, l'écu porte un chevron accompagné de trois besans ou tourteaux.

II. *Foi et hommage,* dénombrement du fief de Champs, *par Jean Regnaut,* le 19 juillet 1452.

III. *Foi et hommage,* dénombrement du fief de Champs, *par Gérard de Lignières,* le 22 octobre 1486.

IV. *Foi et hommage,* dénombrement du fief de Champs, *par Jacques de Lignières,* le 22 octobre 1516.

V. *Contrat de mariage* entre *Jean de Lignières,* escuyer, fils de Messire Jacques de Lignières, seigneur de Champs, et Damoiselle *Marion de La Forge,* du 13 août 1520.

VI. *Foi et hommage,* dénombrement du fief de Champs, *par René de Lignières,* le 14 février 1537.

VII. *Contrat de mariage* entre Messire *Louis de Lignières,* escuyer, fils de René de Lignières, seigneur de Champs, et dame *Charlotte Arguer de Canone,* veuve de feu Messire Charles de Vallon, 13 mars 1577.

VIII. *Contrat de mariage* entre Messire *Nicolas de Lignières,* escuyer, seigneur de Bitry, fils de Messire Jacques de Lignières, seigneur de Champs, et Damoiselle *Catherine de Guierest,* du 2 mai 1580.

IX. *Maintenue de noblesse,* après les preuves établies, pour *Charles de Lignières,* marié à Marie de Mouchy, décrétée par les commissaires à ce députés, à Noyon, le 1er avril 1599.

X. *Contrat de mariage* entre messire *Isaac de Lignières,* escuyer, seigneur de Marteville-Lignières, du Destroit, etc., fils majeur de deffunct Charles de Lignières, vivant escuyer, sieur dudit Destroit, et damoiselle *Marie Du Poncel,* fille de noble homme Charles Du Poncel, vivant seigneur de Faucouzy, et Dame Simone de Lorin, ses père et mère. Le futur assisté de damoiselle Marguerite de Lignières, sa sœur; de noble homme messire Hilaire Du Bois, procureur du roy au siége présidial de Chauny, son parrain, d'une part; la future assistée de sa mère, de damoiselle Marie Gibart, son ayeule paternelle, de Louis de

La Bergueriste, escuyer, sieur de Savigny, gouverneur de Ribémont, son frère; de noble homme Antoine Du Poncel, capitaine au régiment de M. le baron de Manicamp, son oncle paternel; de noble homme Pierre de Lorin, seigneur d'Aunois, son oncle paternel; de noble homme François de Lorin, seigneur de Faucouzy, l'un des cent gentilshommes de la maison du roi.

23 juin 1626.

XI. *Contrat de mariage* entre messire *Philippe de Fourcroy,* escuyer, l'un des cent gentilshommes de la maison du roy, demeurant à Flavy-le-Martel, d'une part, et damoiselle *Françoise De Lignières*, assistée de dame Marguerite Du Moulin, sa mère, veuve de messire *Charles De Lignières,* son père; de messire *Isaac De Lignières,* escuyer, seigneur du Destroit, son frère; de messire Charles de Bethancourt, seigneur dudit lieu, son oncle, et de noble homme Hilaire Du Bois, conseiller du roy, son procureur au bailliage de Chauny, son allié, d'autre part; le 14 mai 1629.

XII. *Contrat de mariage* entre messire *Anthoine De Lignières*, escuyer, fils de messire Isaac de Lignières, escuyer, seigneur de Marteville-aux-Bois et autres lieux, et de dame *Marie Du Poncel*, ses père et mère, assisté de messire Claude Du Poncel, escuyer, capitaine au régiment d'infanterie Du Plessis-Praslin, son cousin, d'une part; et damoiselle *Charlotte De Renty,* assistée de dame Elisabeth de Hermand, sa mère, veuve de feu François De Renty, vivant escuyer, demeurant à Osly-Courtil, son oncle paternel; de Henri de Hermand, escuyer, seigneur de Grandmaison et de Saint-Pierre-Aigle, son oncle maternel, de messire François Coquillette, escuyer, seigneur de la Tour et de Saint-Aubin, y demeurant, oncle à cause de sa femme, d'autre part.

Du 24 janvier 1654.

XIII. *Contrat de mariage* entre messire *François de Lignières*, escuyer, seigneur de Marteville-aux-Bois, enseigne au régiment d'infanterie de M. le maréchal Du Plessis-Praslin, assisté d'Isaac de Lignières, escuyer, seigneur de Lignières, et de dame Marie du Poncel, ses père et mère, demeurant audit Lignières, paroisse de Flavy-le-Martel; d'Anthoine de Lignières, escuyer, seigneur d'Osly-Courtil, son frère, y demeurant; de messire Florimond Bruslart, chevalier, marquis de Genlis, grand bailly de Chauny; de messire Fréderic de Truffier, chevalier, seigneur de Cugny, Saint-Florent et autres lieux; de messire Nicolas de Lance, escuyer, seigneur de Chevresis-les-Dames et autres lieux; de messire Anthoine de Comberville, escuyer, seigneur d'Aunois, y demeurant, tous parents et alliés, d'une part; et damoiselle *Louise Du Bois,* assistée de noble homme messire Anthoine Du Bois, conseiller du roy, son procureur au bailliage et prévôté de Chauny, et de dame Madeleine de Martigny, de Charles Le Blanc, escuyer, seigneur de Vouzon, l'un des gendarmes du roy, mari de Damoiselle Marguerite Du Bois, son beau-frère, d'autre part.

Du 26 janvier 1665.

XIV. *Enquête de* 1667 *sur la noblesse, ordonnance de maintenue de noblesse pour messires Isaac, Antoine* (*II*), *et François* (*III*) *De Lignières.*

Nicolas Dorieu, conseiller du Roy en ses conseils, commissaire departy par Sa Majesté en la généralité de Soissons:

Veu les arrests du Conseil du 22 mars et 14 octobre 1666, Lettres patentes et arrests donnés pour l'exécution des déclarations de Sa Maiesté, du 5 feburier 1661, 22 juin 1664 et autres précédentes, les assignations données le 28 auril dernier, à la requeste du procureur du roy en nostre commission, poursuite et diligence de messieurs Laurent Estienne, et Pierre Pouchon, préposés par Sa Maiesté à la recherche des usurpations de tiltres de noblesse en la généralité de Soissons, en exécution de l'arrest du conseil d'estat du 22 mars 1666, et de notre ordonnance du 23 decembre en suivant, estant au bas de la requeste à nous présentée par lesdits Estienne et Pouchon, à *Isaac de Lignières*, escuyer, seigneur dudict lieu, demeurant à Marteville-aux-Bois, paroisse de Flavy-le-Martel, du bailliage et élection de Noyon; *Anthoine de Lignières*, escuyer, seigneur de la Mothe, demeurant à Osly, du bailliage et élection de Soissons, et *François de Lignières*, escuyer, demeurant audit Marteville, du bailliage et élection de Noyon, pour la représentation des tiltres justificatifs de leur noblesse et qualité d'escuyer, par eux prise, et notre procès-verbal du quatre aoust dernier, et de ce jour, contenant la comparution des dicts *seigneurs De Lignières*, leurs déclarations, représentation de leurs tiltres, et réquisitions; veu aussy la production par eux mise en notre greffe, auec toutes les pièces y mentionnées, ensemble les contredits desdicts préposés, les observations desdicts deffendeurs, avec les conclusions dudict procureur du roy, tout considéré, Nous Commissaire susdict, faisant droict sur l'instance, AUONS MAINTENU ET GARDÉ les dicts *De Lignières*, en la possession de la qualité de *nobles et d'escuyers*, ordonnant qu'eux, leurs successeurs, leurs enfans et postérité nais et à naistre en légitime mariage, jouiront des priviléges, honneurs et exemptions dont jouissent les gentilshommes de ce royaume, faisant deffense à toutes personnes de les troubler, tant et si longuement qu'ils vivront noblement, et ne feront acte de dérogeance, et que pour cet effect les dicts *De Lignières* seront compris dans l'estat que nous enuoyerons à Sa Maiesté pour y auoir esgard en faisant le cathalogue des gentilshommes de ce royaume, conformément à l'arrest du Conseil du 22 mars 1666.

Faict à Soissons, le cinquiesme septembre mil six cent soixante-sept. Signé DORIEU. Par Monseigneur; signé, Cozard.

Dans cette enquête, les seigneurs *De Lignières* ont justifié de quatre races depuis 1551, et produit les titres. (Voir le Nobiliaire de Picardie, page 299.)

XV. *Contrat de mariage* entre messire *Charles de Lignières*, chevalier, seigneur du dit Lignières, demeurant à Osly, fils de deffunct Anthoine de Lignières, vivant escuyer, seigneur dudit lieu, et de feue Dame Charlotte de Renty, ses père et mère, assisté de messire Louis de Pienne, chevalier, sieur Du Plessis, son parrain, demeurant à Osly, d'une part; et damoiselle *Elisabeth de Fust*, fille majeure, jouissant de ses droits, demeurant à Couture-Paquette, paroisse de Louâtre; assistée de messire Benjamin Robert d'Ully, vicomte de Nouvion, lieutenant-colonel du régiment de Saint-..... et de Dame Anne-Robert d'Ully, son épouse, d'autre part.

Le 20 décembre 1680.

XVI. *Maintenue de noblesse* pour *Charles de Lignières*, écuyer, décrétée le 11 juin 1701, par Joseph Samson, intendant de la généralité de Soissons.

XVII. *Contrat de mariage* entre messire *Louis de Lignières*, escuyer, seigneur de Lignières, Marteville et autres lieux, fils aîné de François de Lignières et de dame Louise Du Bois, et damoiselle Elisabeth de *Bichon de Bussu;* le futur assisté de messire Jean-François de Lignières, son frère, escuyer, seigneur de Marteville-aux-Bois; de maistre Antoine Tavernier, officier de Mgr le duc d'Orléans, son oncle, à cause de dame Marie Du Bois, son épouse; de damoiselles Madeleine et Antoinette Du Bois, filles majeures, demeurant à Commenchon, ses tantes; de maistre Pierre Roger, conseiller du roy, demeurant à Chouny, son cousin. La future assistée de messire Charles de Béchon, escuyer, seigneur de Bussu, Gisors et autres lieux, commandant au régiment de Berry, et de dame Charlotte de Héricourt, ses père et mère; de messire Henri de Béchon, clerc, demeurant à Bussu, son oncle.

Du 27 février 1702.

XVIII. *Contrat de mariage* entre messire *Jean-François de Lignières*, chevalier, seigneur de Marteville-aux-Bois, demeurant à Rouy, fils de messire François de Lignières, chevalier, seigneur de Lignières, et de dame Louise Du Bois, ses père et mère, assisté de messire Henry De Béchon, ecclésiastique, demeurant à Dompierre, son allié, d'une part ; et damoiselle *Marie-Anne de Massary*, fille de feu messire Pierre De Massary, chevalier, seigneur de l'Isle, et de Dame de Greno, ses père et mère ; assistée de messire Jacques Enguerrand De Massary, chevalier, seigneur de Lisle, lieutenant des chasses du marquisat de Coucy pour Mgr le duc d'Orléans, régent du royaume ; de Claude de Massary, chevalier, seigneur de Cannes, ses frères, demeurant à Charles-Fontaine ; de messire Renée de Brossart, chevalier, seigneur d'Artonville, demeurant à Crespy, son oncle maternel, à cause de dame Marie de Greno, sa femme. 24 août 1719.

XIX. *Contrat de mariage* entre messire *Anne-Modeste*, *comte de Lignières,* chevalier de Saint-Louis, seigneur de Meaurepas, Viefville, Sancourt et autres lieux, ancien officier au régiment de Poitou, fils majeur de deffunt messire Louis de Lignières, chevalier, seigneur de Lignières, Meaurepas et autres lieux, et de dame Elisabeth-Renée de Béchon, ses père et mère, assisté de Jacques des Landes, lieutenant au régiment de cavalerie Dauphin (étranger) et de Louis-Claude d'Achery d'Hercourt, mayeur de Saint-Quentin, d'une part ; et damoiselle Marie *Elisabeth de Foucaut*, Dame de Touly, fille majeure de deffunt messire François-Louis de Foucaut, chevalier, seigneur de Touly, et de dame Charlotte-Elisabeth De Monceau, ses père et mère ; assistée de dame Marie-Charlotte de Sorel, veuve de feu messire François De Monceau, chevalier, seigneur de Saint-Lô, Chevresis et autres lieux, sa tante ; de messire François-Jean-Baptiste de Combes, chevalier, seigneur de Sorel, Ugny le Guay et autres lieux ; de maître Claude Reneufve, avocat au Parlement, conseiller du Roy, demeurant à Saint-Quentin, d'autre part. 3 octobre 1750.

XX. *Extrait des archives de la ville de Ham.*

« 27 novembre 1765, messire *Anne-Modeste, comte De Lignières*, chevalier, seigneur de Meaurepas, des comté de Saint-Lô, et vicomté de Gergny, Viefville, Sancourt, Cuvilly et autres lieux, chevalier de l'ordre royal et militaire de Saint-Louis, demeurant à Ham, a été nommé maire de Ham par le roi, sur la présentation de trois sujets, conformément à l'édit du mois de mai 1765 ; son exercice a duré jusqu'au 16 octobre 1768. »

XXI. *Extrait du registre des actes de naissance de la ville de Ham, paroisse Saint-Martin :*

« Le 1er de janvier 1786, a été baptisé par nous Prieur curé soussigné, *Marie-Henri,* né hier, en et du légitime mariage de messire Marie-Charles-Nicolas-Modeste, comte de Lignières, lieutenant au régiment royal, infanterie, seigneur de Viefville, Sancourt, Cuvilly, Toulle et autres lieux, et de Dame Henriette-Marguerite Lecomte, son épouse, demeurants en cette paroisse. » Parrain : messire Henri-Louis De La Fontaine, seigneur d'Ollezy, ancien officier au régiment de La Fère, artillerie, Lieutenant des maréchaux de France au département de La Fère, demeurant en son château d'Ollezy ; marraine Dame Marie-Marguerite Le Tellier, veuve de messire Henri-Nicolas Lecomte, vivant chevalier, seigneur de Courmas, vicomte de Vimeuil, demeurant à Reims.

*Chozette* et *Quenouelle, Choz,* prêtres.

XXII. *Avis de la Chancellerie de France*, après examen des titres produits pour l'admission aux honneurs de la cour, par Marie-Charles-Nicolas-Modeste, comte de Lignières :

« D'après l'examen des titres de M. De Lignières, on a reconnu que cette famille est d'ancienne noblesse et qu'elle est faite pour participer

6

aux honneurs de la cour, ainsi que d'être admise à monter dans les carosses du roi, en faisant les recherches nécessaires des titres requis pour compléter les preuves depuis l'an 1400 ou avant.... »

Par cet avis, daté de Paris du 22 juin 1789, on insistait particulièrement sur la production du contrat de mariage de *Guillaume de Lignières* et de Jeanne de Lameth. Cette pièce existe, et comme on l'a vu dans ces présentes preuves justificatives, ces degrés successifs sont établis légalement, et suivant les formes usitées en pareil cas. Les événements politiques qui se précipitaient durent forcément empêcher la jouissance de ces prérogatives justifiées en temps et lieu.

XXIII. *Extrait des délibérations de la municipalité de Ham.*

« L'an deuxième de la République Française, une et indivisible, le vingtième de brumaire, en l'assemblée publique et permanente du Conseil général, il a été arrêté de se transporter en corps pour procéder au brûlement de tous les titres féodaux, papiers des ci-devant seigneurs, titres de noblesse, brevets de croix de Saint-Louis déposés en la maison commune, en exécution de la loi du 17 juillet dernier... »

Parmi ceux qui furent sous le coup de cette mesure, laquelle en cas de peu de complaisance aux temps, menaçait de mort, l'arrêté indique les citoyens Fremont, receveur des droits d'enregistrement; Topin, Du Bois, Marolles, Prevost, Tupigny, notaires; Serain, huissier; et *De Lignières* (sic), Charles-Louis Tupigny, veuve d'Oppy, Henri de la Fontaine, veuve Buterne, ci-devant possesseurs de fiefs, comme aussi les papiers de féodalité, d'octrois, et les tableaux des portes « dont l'effigie avait trop longtemps sali les murs de la maison commune; » lequel brûlement a été effectué aussitôt sur la place de la Réunion, aux cris souvent répétés de : Vive la République, une et indivisible!

Signé Cabour, Dubreuil, procureur; Flamant et Foy, maire.

## ADDITIONS ET RENSEIGNEMENTS PARTICULIERS.

---

Comtes de Maigret.

La maison *De Lignières* se rattache à celle des comtes De Maigret par les alliances suivantes.

Marie-Henri, comte de Lignières, épousa Aline-Louise-Jacquette Baugier de Bignipont, fille de messire Charles-Louis Baugier de Bignipont, seigneur de Ripont, Fontaine en Dormois et autres lieux, et de dame *Marie-Louise-Pierre de Lespinay,* sa femme. Cette dernière avait pour mère, la sœur de M. le vicomte d'Avennes d'Harmonville, N... d'Avennes, dont la petite-fille, Félicie d'Avennes est comtesse De Maigret.

La maison de Maigret, d'ancienne chevalerie, ayant rang aux assises de Lorraine, porte *d'azur à la fasce d'or, accompagnée de trois coquilles de même, 2 en chef, 1 en pointe.* D'origine française, Charles-Antoine de Maigret, s'étant à la suite d'un duel retiré dans les Pays-Bas, un de sa descendance, François Guillaume, servit avec une telle distinction la maison d'Autriche, que l'empereur Léopold I, par lettres-patentes du 23 avril 1687, revêtues d'un scel renfermé dans une boîte en vermeil, en le reconnaissant comte de Maigret et de Néau, baron de Stockem, lui permit d'écarteler : au 1^er^ *d'or à la double aigle éployée, de sable ;* au 2^e^, *d'or au lion de sable, lampassé de gueules ;* au 3^e^, *d'argent au lion rampant de gueules ;* au 4^e^, *de gueules à la croix de Bourgogne d'argent,* sur le tout les armes de la maison. *L'écu sommé d'une couronne de perles, surmontée de perles aux extrémités, portée par une double aigle de sable, surmonté d'une couronne impériale;* supports, *deux sauvages couverts et couronnés de lierre, s'appuyant sur une massue;* devise : PRO CHRISTO ET CONTRA INIMICOS EJUS.

Les preuves de cette maison furent faites notamment par Alexandre de Maigret, en 1698, pour entrer dans le très-noble et très-illustre Chapitre De Gigny, dont il devint Doyen. On voit parmi ses lignes, Autriche, Bavière, Isembourg, Aranda, Berghes, Enguien, Grammont, Marck, Neufchastel, Warnevick, etc., etc. Ce n'est ici ni le lieu, ni la place d'entrer dans d'autres développements, il est à désirer que ce soit un jour l'objet d'un traité semi-nobiliaire, semi-historique.

Depuis François Guillaume, les générations successives de la maison De Maigret, ont repris leur antique qualité de Français. Cette maison est représentée de nos jours par MM. *Ignace-François De Maigret*, célibataire, et *Joseph-Gustave de Maigret*, sous-intendant militaire, marié à demoiselle Aline-Félicie d'Avennes, sus-nommée, dont deux fils, l'un dans la marine impériale. Sur la production de ses titres, M. *Joseph-Gustave De Maigret* a obtenu, par décret de S. M. Napoléon III, de prendre la qualité de comte, son frère vivant, et ce, en vertu des lettres-patentes octroyées ou confirmées à sa maison, par les empereurs d'Allemagne.

JEAN DE LIGNIÈRES.

L'ouvrage de Wulson de la Colombière, quoique rare, pouvant néanmoins être consulté à l'occasion, nous avons cru ne pas devoir rapporter le texte des lettres de Charles VI, confirmant et réglementant *l'emprinse des treize chevaliers, portans en leur devise l'escu vert à la Dame blanche,* et au nombre desquels figurait Jean de Lignières, en compagnie des plus illustres seigneurs, comme on l'a rapporté dans l'introduction qui précède la généalogie.



FIN.

www.ingramcontent.com/pod-product-compliance
Ingram Content Group UK Ltd.
Pitfield, Milton Keynes, MK11 3LW, UK
UKHW021023200726
13857UKWH00004B/1551